世界の窓辺さんぽ

The world is full of pretty windows and doors

WANDERLUST
編

光文社

LV.14640

The world is full of pretty windows and doors

COLORFUL

ビタミンカラーの窓や扉に目を奪われながら歩くさんぽ道。空の色と鮮やかな色彩のコントラストに思わず心も浮足立って、気が向くままにあっちへふらふら、こっちへふらふら。

ヴェネツィア（イタリア）／
Venice, Italy

ポルト（ポルトガル）／
Porto, Portugal

イア（ギリシャ）／
Oia, Greece

北京（中国）／
Beijing, China

ストックホルム(スウェーデン)/Stockholm, Sweden

サル島（カーボベルデ）／
Sal, Cape Verde

ポルト（ポルトガル）／
Porto, Portugal

ボーザ（イタリア）／Bosa, Italy

中:カルタヘナ（コロンビア）／Cartagena, Colombia
右:リスボン（ポルトガル）／Lisbon, Portugal

イスタンブール（トルコ）／
Istanbul, Turkey

ポルト（ポルトガル）／
Porto, Portugal

パルガ（ギリシャ）／Parga, Greece

フェネル・バラット地区（トルコ）
Fener and Balat, Turkey

リオグランデ・ド・スル（ブラジル）／
Rio Grande do Sul, Brazil

ファティ地区（トルコ）／Fatih, Turkey

パロス島（ギリシャ）／Paros, Greece

中:パロス島（ギリシャ）／Paros, Greece
右:マデイラ諸島（ポルトガル）／Madeira, Portugal

コインブラ（ポルトガル）／Coimbra, Portugal

キクラデス諸島（ギリシャ）／
Cyclades, Greece

Column

一度は訪れたい世界の素敵な窓扉①

ヒヴァ（ウズベキスタン）

Khiva (Uzbekistan)

17世紀ヒヴァ・ハーン国の王都として繁栄したヒヴァは荒涼とした砂漠に囲まれ、二重の城壁で守られたオアシス都市。その内城「イチャン・カラ」は1990年、世界遺産に登録された歴史価値の高い旧市街で、歴代ハーン（君主）が築き上げてきた建造物が現在もほぼ完全な形で受け継がれている。城壁の西門の脇に立つ「カルタ・ミナル」は鮮やかなブルーが目をひく未完のミナレット。その横には中央アジアで最大の規模を誇る神学校と、小さな町に壮麗なイスラム建築が凝縮している。なかでも東門近くの「タシュ・ハウリ宮殿」は、アラクリ・ハーンの居城として1838年に建てられ、その装飾はひときわ豪華。4人の妃の部屋やハーレムなど、160以上もの部屋と8つの庭を有し、青に彩られた壁面は扉にいたるまで、幾何学模様のモザイクで見事に埋め尽くされている。細い路地を歩けば、好奇心は尽きない。シルクロードを行き交う隊商の喧噪やハーンの栄華が蘇ったかのような異空間に迷い込む。

The world is full of pretty windows and doors

CUTE

日本ではあまりお目にかかれないようなかわいらしい意匠にポップなカラー。住む人の個性が浮き出る窓や扉の造りを眺め、そこでの暮らしを想像しながらそぞろ歩くのって面白い。

ともにアイワルク（トルコ）／
Ayvalik, Turkey

カルダス・ダ・ライーニャ（ポルトガル）／
Caldas da Rainha, Portugal

ハムステッド（イギリス）／
Hampstead,
United Kingdom

イスキア島（イタリア）／
Ischia, Italy

イスタンブール（トルコ）／
Istanbul, Turkey

クンダ島（トルコ）／
Cunda, Turkey

アイワルク(トルコ)／
Ayvalik, Turkey

イオアニナ（ギリシャ）／
Ioannina, Greece

ハルシュタット（オーストリア）／
Hallstatt, Austria

ファティ地区（トルコ）／Fatih, Turkey

中:ダルウィッチ(イギリス)／Dulwich, United Kingdom
右:ケルン(ドイツ)／Cologne, Germany

ダブリン（アイルランド）／
Dublin, Ireland

ロコロトンド（イタリア）
Locorotondo, Italy

ヴェネツィア（イタリア）／Venice, Italy

ワシントンD.C.（アメリカ）／
Washington, District of Columbia,
United States

チャールストン（アメリカ）／Charleston, United States

中:グアヤキル(エクアドル)/Guayaquil, Ecuador
右:ロンドン(イギリス)/London, United Kingdom

ワルシャワ（ポーランド）／
Warsaw, Poland

ニューオーリンズ（アメリカ）／New Orleans, United States

ペンサコラ（アメリカ）／Pensacola, United States

テルアビブ(イスラエル)／Tel Aviv, Israel

Column

一度は訪れたい世界の素敵な窓扉②

レーゲンスブルク（ドイツ）

Regensburg (Germany)

中世と変わらぬ町並みを今に残し、2006年世界遺産に登録されたレーゲンスブルク。その繁栄の歴史は、ローマ皇帝によって城塞が築かれた179年にまで遡る。訪れた旅人をまず出迎えてくれるのは870年以上も前、ドナウ川にかけられたドイツ最古のアーチ型石橋。そのすぐ側の焼きソーセージ専門店もまたドイツでもっとも古く、煙突から立ちのぼる香ばしい匂いが食欲をそそる。ガッセと呼ばれる小径を散策していると、コミック本を手にした女性に出くわすかもしれない。漫画家・池田理代子さんの作品『オルフェウスの窓』の舞台となったのは、この町に実在するカトリックの音楽学校。建物のモチーフは名門トゥルン・ウント・タクシス侯爵家の居城で、塔がそびえ、ずらりと窓が並ぶ荘厳な佇まいにコミックのファンならずとも魅了される。イタリア旅行の途中に立ち寄った文豪ゲーテが「美景の地」と賞賛し、“建物の美術館”とも呼ばれるこの街で、多彩な窓を愛でながら、約2千年の歴史に思いを馳せる。

99

The world is full of pretty windows and doors

UNIQUE

歩いているだけで目に飛び込んでくる大胆なデザインの建築物から、よーく見てみるとなんだか面白いちょっとした意匠まで。ただ歩くだけで、町はこんなにも発見にあふれている。

リスボン（ポルトガル）／
Lisbon, Portugal

上:ベイルート（レバノン）／Beirut, Lebanon
右:ザーンダム（オランダ）／Zaandam, Netherlands

ポルト（ポルトガル）／
Porto, Portugal

ワルシャワ
（ポーランド）／
Warsaw, Poland

ライデン（オランダ）／
Leiden, Netherlands

コインブラ（ポルトガル）／
Coimbra, Portugal

アムステルダム（オランダ）／
Amsterdam, Netherlands

アヴェイロ（ポルトガル）／
Aveiro, Portugal

バーゼル（スイス）／Basel, Switzerland

フィレンツェ（イタリア）／
Florence, Italy

イスタンブール
（トルコ）／
Istanbul, Turkey

スタヴァンゲル（ノルウェー）／
Stavanger, Norway

ポルト（ポルトガル）／
Porto, Portugal

シャフシャウエン（モロッコ）／
Chefchaouen, Morocco

ジャイプール(インド)
Jaipur, India

ジャイプール（インド）／
Jaipur, India

ブエノスアイレス（アルゼンチン）／Buenos Aires, Argentina

中:ブエノスアイレス（アルゼンチン）／Buenos Aires, Argentina
右:マラケシュ（モロッコ）／Marrakesh, Morocco

オストゥーニ（イタリア）／Ostuni, Italy

サン・フアン（アルゼンチン）／San Juan, Argentina

Column

一度は訪れたい世界の素敵な窓扉③

シディ・ブ・サイド（チュニジア）

Sidi Bou Said (Tunisia)

地理的にはアフリカ大陸に属しながら、イタリア・シチリア島まで約600kmと近く、気候的にはヨーロッパ、文化的にはアラブの影響を受けるイスラム国家チュニジア。首都チュニスの旧市街から車で約30分、地中海を見下ろす丘にあるシディ・ブ・サイドは、フランス保護領時代の名残も色濃く、多くの芸術家たちに愛されてきた「チュニジアで一番美しい町」。真っ白な壁と「チュニジアンブルー」と呼ばれる青のドアや窓格子が織りなす光景に、ここはギリシャのサントリーニ島なのかと錯覚する。名物のバンビローニ（揚げドーナツ）をほおばりながら、曲がりくねった小道をそぞろ歩けば、そこかしこのドアに鉄鋲で描かれた神秘的な幾何学模様に心奪われる。さまざまな柄の中でもとりわけ目をひくのは、イスラム教界で魔除けのシンボルとして信じられている「ファティマの手」。中で暮らす家族の富と幸運の象徴とされる「チュニジアンドア」が、旅人に非日常への扉を開いてくれる。

Oifig
Fiontair
Aitiuil
Local
Enterprise
Office
42

The world is full of pretty
windows and doors

VINTAGE

土地の記憶を刻みながらひっそりとそこに佇み続ける建物には、何かを語りたげな窓や扉がつきものだ。静謐《せいひつ》な存在感のひとつ向こうには、そこに住まう日々の生活が根付いている。

ダブリン（アイルランド）／
Dublin, Ireland

ロンドン（イギリス）／
London,
United Kingdom

デンバー（アメリカ）／Denver, United States

フルーム（イギリス）／Frome, United Kingdom

ブルッヘ（ベルギー）／
Bruges, Belgium

クラクフ（ポーランド）／
Krakow, Poland

シエナ（イタリア）／
Siena, Italy

周荘鎮（中国）／
Zhouzhuang Ancient Town, China

カルビ（フランス）／
Calvi, France

ストラトフォード＝アポン＝エイボン（イギリス）／Stratford-Upon-Avon, United Kingdom

中:ウィルトシャー(イギリス)/Wiltshire, United Kingdom
右:ルイス(イギリス)/Lewes, United Kingdom

西寧(中国)／
Xining, China

ハバナ(キューバ)／
Havana, Cuba

アイワルク（トルコ）／
Ayvalik, Turkey

アイワルク（トルコ）／
Ayvalik, Turkey

フィラデルフィア
（アメリカ）／
Philadelphia,
United States

アイワルク（トルコ）／
Ayvalik, Turkey

ティンツフィールド（イギリス）／Tyntesfield, United Kingdom

中:ブレーマー(スコットランド)／Braemar, Scotland
右:ホニントン(イギリス)／Honington, United Kingdom

ブランチランド（イギリス）／
Blanchland, United Kingdom

ベスキト・シロンスク（ポーランド）／Silesian Beskids, Poland

エディンバラ（スコットランド）／
Edinburgh, Scotland

コロニア・デル・サクラメント（ウルグアイ）／
Colonia del Sacramento, Uruguay

SIGAL
UNIQA GROUP AUSTRIA

Column

一度は訪れたい世界の素敵な窓扉④

ベラト（アルバニア）

Berat (Albania)

バルカン半島南西部に位置し、ギリシャなどと国境を接するアルバニア。2400年以上もの歴史を持つ博物館都市として政府に指定された中南部のベラトは、2008年、世界遺産に登録され、もっとも絵になる町のひとつとして知られる。特に有名なのは、紀元前3世紀にはすでに城下町として存在していた「千の窓を持つ町」マンガレム地区。時が止まったかのようにオスマン帝国時代の町並みを留めるこのエリアは、「オットマンハウス」というトルコ様式の2階建ての家々が、急勾配の丘に沿って建ち並ぶ。2階部分の窓が前の家に重なるように見えることから「浮窓の町」とも呼ばれ、対岸のゴリツァ地区から圧巻の眺めを一望できる。観光地とは思えない、のんびりとした空気が流れる昼下がり、石畳の坂道が続く細い路地を散歩しているとタイムスリップしたような気分になる。一転、夜は無数の小窓に明かりが灯り、旅のハイライトと言える美しさ。いつまでも目に焼き付けておきたくなる、幻想的な光景に酔いしれたい。

Index

@marizasphotography on Instagram

@standingatyourdoor on Instagram

Photo by

p1 Robert Anasch on Unsplash
pp2,3 Cristina Gottardi on Unsplash
p4 @goncalo_saraiva27 on Instagram
p5 @marizasphotography on Instagram
p6 Zhipeng Ya on Unsplash
p7 Nikola Johnny Mirkovic on Unsplash
p8 Martin Widenka on Unsplash
p9 @goncalo_saraiva27 on Instagram
p10 Fabienne FILIPPONE on Unsplash
p11 Luis Vidal on Unsplash
Karla Caloca on Unsplash
p12 @mstfatyfn on Instagram
p13 @goncalo_saraiva27 on Instagram
p14 Milana Jovanov on Unsplash
p15 @mstfatyfn on Instagram
p16 Mateus Campos Felipe on Unsplash
p17 @hulyasuralkayikci on Instagram
p18 @christinatouloumtzidou on Instagram
p19 @christinatouloumtzidou on Instagram
Maria Bonizza @maria_bonizza on Instagram
p20 @goncalo_saraiva27 on Instagram
p21 @marizasphotography on Instagram
p22 Anton_Ivanov on shutterstock
p24 @hulyasuralkayikci on Instagram
p25 @hulyasuralkayikci on Instagram
p26 Catarina Carvalho on Unsplash
p27 @londonispink on Instagram
p28 @antoniodimaiolo_ on Instagram
p29 @hulyasuralkayikci on Instagram
p30 @mstfatyfn on Instagram
p31 @hulyasuralkayikci on Instagram
p32 @christinatouloumtzidou on Instagram
p33 @anya.g.rowe on Instagram
p34 @hulyasuralkayikci on Instagram
p35 @liolaliola on Instagram
@rufus_airlines on Instagram
p36 @liolaliola on Instagram
p37 @antoniodimaiolo_ on Instagram
p38 Annie Spratt on Unsplash
p39 Erol Ahmed on Unsplash
p40 Landis Brown on Unsplash
p41 Ana Paula Izurieta on Unsplash
@londonispink on Instagram
p42 Paweł Czerwiński on Unsplash
p43 Tina Rataj-Berard on Unsplash
p44 bradley pisney on Unsplash
p45 Arno Smit on Unsplash
p46 Borisb17 on shutterstock
pp48,49 Diego García on Unsplash

@rufus_airlines on Instagram

@standingatyourdoor on Instagram

p50 @haigpapa on Instagram
p51 @liolaliola on Instagram
p52 @heydavina on Instagram
p53 Milana Jovanov on Unsplash
p54 @rufus_airlines on Instagram
Maria Bonizza @maria_bonizza on Instagram
p55 Maria Bonizza @maria_bonizza on Instagram
@rufus_airlines on Instagram
p56 @rufus_airlines on Instagram
p57 Bianca Ackermann on Unsplash
p58 @mstfatyfn on Instagram
p59 @heydavina on Instagram
p60 Flávio Santos on Unsplash
p61 Makenna Entrikin on Unsplash
p62 Annie Spratt on Unsplash
p63 Annie Spratt on Unsplash
p64 @alberto.amadeo on Instagram
p65 @alberto.amadeo on Instagram
Amy Elting on Unsplash
p66 VINK | @vinkweb on Instagram
p67 @alberto.amadeo on Instagram
p68 Charged One on shutterstock
pp70.71 Robert Anasch on Unsplash
p72 @_wanderlustandwhiskey on Instagram
p73 @_wanderlustandwhiskey on Instagram

p74 @anya.g.rowe on Instagram
p75 @anya.g.rowe on Instagram
p76 Darya Tryfanava on Unsplash
p77 @standingatyourdoor on Instagram
p78 Chastagner Thierry on Unsplash
p79 Hannah Wright on Unsplash
p80 @katya_jackson on Instagram
p81 @katya_jackson on Instagram
@katya_jackson on Instagram
p82 liu sicheng on Unsplash
Jason Gamble on Unsplash
p83 @hulyasuralkayikci on Instagram
@hulyasuralkayikci on Instagram
p84 @_wanderlustandwhiskey on Instagram
p85 @hulyasuralkayikci on Instagram
p86 @anya.g.rowe on Instagram
p87 @katya_jackson on Instagram
@katya_jackson on Instagram
p88 @liolaliola on Instagram
p89 @liolaliola on Instagram
p90 Lucija Ros on Unsplash
p91 Marcela Laskoski on Unsplash
p92 Sun_Shine on shutterstock

企画協力　樋口夕歌
デザイン　坂川朱音（朱猫堂）

世《せ》界《かい》の窓《まど》辺《べ》さんぽ
2020年11月30日　初版第1刷発行

編　者　WANDERLUST《ワンダーラスト》
発行者　田邉浩司
発行所　株式会社 光文社
〒112-8011 東京都文京区音羽1-16-6
電話　編集部 03-5395-8172 書籍販売部 03-5395-8116 業務部 03-5395-8125
メール　non@kobunsha.com
落丁本・乱丁本は業務部へご連絡くだされば、お取り替えいたします。

組　版　萩原印刷
印刷所　萩原印刷
製本所　ナショナル製本

ISBN978-4-334-95208-2